Martin Kaule

# Insel Usedom 1933–1945



ORTE DER GESCHICHTE
CH. LINKS VERLAG

Die Reihe »Orte der Geschichte« wird herausgegeben von Martin Kaule.

**Abbildungsnachweis:** Alle aktuellen und historischen Abbildungen, sofern nicht gesondert ausgewiesen, stammen aus dem Archiv des Autors. akg-images: S. 41 (63234); Bundesarchiv: S. 11 (B0517-44), Orte der Geschichte e.V.: S. 13 (Martin Kaule)

Die Deutsche Nationalbibliothek verzeichnet diese Publikation in der Deutschen Nationalbibliografie; detaillierte bibliografische Daten sind im Internet über www.dnb.de abrufbar.

Ch. Links Verlag ist eine Marke der Aufbau Verlage GmbH & Co. KG

2., aktualisierte Auflage, 2022

Die Erstausgabe erschien 2018 im Christoph Links Verlag GmbH.
www.christoph-links-verlag.de
Prinzenstraße 85, 10969 Berlin
Umschlaggestaltung unter Verwendung einer Amateuraufnahme vom Strandleben in Heringsdorf, 1938 (akg-images, 34446)
Satz: Eugen Bohnstedt, Ch. Links Verlag
Karte: Peter Palm, Berlin
Lektorat: Jana Fröbel, Ch. Links Verlag
Druck und Bindung: Graspo CZ, Zlín

ISBN 978-3-86153-997-1

# Inhaltsverzeichnis

# Einleitung

Usedom ist nach der benachbarten Insel Rügen das zweitgrößte Eiland an der deutschen Ostseeküste. Das Leben auf Usedom war in den vergangenen Jahrhunderten immer wieder durch kriegerische Konflikte geprägt. Nach dem Dreißigjährigen Krieg (1618–1648) fielen sowohl Usedom als auch die Nachbarinsel Wollin an das Königreich Schweden. Festungen wurden an den großen Mündungen der Flüsse in die Ostsee gebaut, um die Herrschaftsbereiche zu sichern. Nach dem Großen Nordischen Krieg (1700–1721) beeinflussten die Preußen die Entwicklung der nunmehr als Provinz Pommern bezeichneten Region, die sich vom Darß/Zingst bis nach Danzig erstreckte und die großen Inseln Rügen, Usedom und Wollin umfasste. Bevor Mitte des 19. Jahrhunderts der Bädertourismus einsetzte, war das Leben oftmals durch harte körperliche Arbeit im Fischfang oder in der Landwirtschaft geprägt. Die Fertigstellung der Eisenbahnlinie bis nach Swinemünde im Jahr 1876 ließ die Besucherzahlen vornehmlich aus dem Berliner Raum enorm ansteigen. Die Kaiserbäder Bansin, Heringsdorf und Ahlbeck profitierten unmittelbar von den immer besser ausgebauten Verkehrswegen. Die beliebten Kur- und Urlaubsorte verliehen der Region schnell den Beinamen »Badewanne der Berliner«.

Der Machtübernahme durch die Nationalsozialisten im Januar 1933 folgten auf der Insel tiefe Einschnitte im Alltagsleben der lokalen Bevölkerung sowie der Bade- und Kurgäste. Von nun an stand nicht mehr der Erholungsbetrieb im Fokus, sondern die militärische Aufrüstung und Umnutzung zahlreicher Liegen-

Die historische Seebrücke in Heringsdorf, 1935

schaften auf der Insel. Die von den Nationalsozialisten gesteuerte Diskriminierung und Ausgrenzung der jüdischen Bevölkerung kennzeichnete auch das Leben in den Kur- und Badeorten auf der Insel Usedom. Die Bäder bezeichneten sich nach der Machtübernahme nacheinander als »judenfrei« und grenzten so, in der ersten von vier Phasen der Judenverfolgung, bewusst die Juden aus dem öffentlichen Leben aus.

Weite Naturlandschaften wurden für die Umsetzung der militärischen Forschungsvorhaben und die militärische Aufrüstung abgeriegelt und zu Sperrgebieten erklärt. Das Areal um Peenemünde (→ S. 10) wurde aus Gründen der Geheimhaltung ausgeweitet, sodass etwa im Seebad Zinnowitz der reguläre Badebetrieb mit der Saison 1938 endete. Die umfangreichen Baumaßnahmen und die spätere Rüstungsproduktion waren auch auf der Insel Usedom nur durch den schonungslosen Einsatz von Fremd- und Zwangsarbeitern möglich. Für die Unterbringung wurden mehrere Lager aufgebaut, deren Insassen unter notdürftigen, menschenverachtenden Bedingungen leben mussten. Eines der größten Gelände dieser Art war das Gemeinschaftslager Trassenheide (→ S. 18), in dem bis zu 6000 Arbeitskräfte untergebracht waren.

Die Ansiedlung des Forschungsstandortes Peenemünde machte die alliierten Luftstreitkräfte auf die Inseln Usedom und Wollin aufmerksam, die nun mehrfach die Region bombardierten, um die wichtigen Rüstungs- und Forschungsstandorte zu zerstören. Viele der während des Rückzugs der Wehrmacht aus den Regionen Pommern und Westpreußen evakuierten Menschen zogen in den letzten Kriegsmonaten über die Insel Usedom. Bis zur Sprengung der Eisenbahnbrücken kurz vor Ende des Zweiten Weltkriegs war von hier aus eine Weiterfahrt ins vermeintlich sichere Hinterland möglich. In den ersten Monaten des Jahres 1945 hielten sich daher in Swinemünde mehr als 100 000 Menschen aus den ehemaligen Ostgebieten in der Region Usedom auf. Bei dem verheerenden Luftangriff auf die Stadt und die hier stationierten militärischen Einheiten am 12. März 1945 kamen etwa 10 000 Menschen ums Leben. Sie wurden in den folgenden Monaten auf dem Golm (→ S. 47) bestattet. Mit der vollständigen Besetzung der Region Anfang Mai 1945 durch die Rote Armee endete auch im Norden der Zweite Weltkrieg.

Der Wiederaufbau begann schrittweise. Doch zahlreiche militärische Liegenschaften gingen wieder an militärische Nutzer. Nach der Aufteilung Deutschlands in vier Besatzungszonen fiel der Küstenabschnitt östlich Travemündes bis zur Insel Usedom in die Verfügungsgewalt der sowjetischen Streitkräfte. Bis zur Gründung der DDR am 7. Oktober 1949 erfolgten umfangreiche Demontagen der noch existierenden Betriebe. Dabei übernahm die sowjetische Besatzungsmacht auch die Ausstattung der wehrwissenschaftlichen Forschungsstandorte, die nun den Grundstein für ein eigenes Raketenprogramm legten. Mitarbeiter des sowjetischen Volkskommissariats für innere Angelegenheiten (NKWD) verhafteten auch auf der Insel Usedom unzählige Personen, die anschließend in das Speziallager Nr. 9 Fünfeichen bei Neubrandenburg gebracht wurden. Durch die katastrophalen Zustände in dem Lager starben von 1945 bis zur Auflösung 1949 mindestens 4900 Personen. Zu den Häftlingen zählten nicht nur Angehörige der nationalsozialistischen Partei und weiterer NS-Massenorganisationen, sondern auch willkürlich Verhaftete und Großgrundbesitzer.

Die Existenz der zehn Speziallager auf dem Gebiet der DDR galt bis 1989 als ein Tabuthema. Der Kalte Krieg und die strategische Lage der Insel im Nordosten der DDR wirkten sich auf die erneute Stationierung militärischer Einheiten aus. Gleichwohl führte der Aufbau des Sozialismus zu weiteren Zäsuren des wieder langsam einsetzenden Tourismus. Hotels und Pensionen wurden 1953 im Rahmen der »Aktion Rose« enteignet, in Volkseigentum überführt und von nun an vom Feriendienst des FDGB verwaltet. Die Insel Usedom entwickelte sich wieder langsam zu einer der beliebtesten Reiseregionen für die Sommermonate in der DDR. Doch auch die Urlaubsaufenthalte blieben bis 1989/90 staatlich organisiert und kontrolliert. Neben den FDGB-Ferienheimen unterhielten zahlreiche Betriebe und

Dünenübergang auf der Insel Usedom, 2017

Institutionen eigene Ferienunterkünfte oder Ferienlager für Kinder und Jugendliche. Selbst der Aufenthalt auf einem Zeltplatz war nur nach der Beantragung einer Zeltgenehmigung möglich. Der Tourismus stellte für die Usedomer Bevölkerung neben der Fischerei und Landwirtschaft einen wichtigen Wirtschaftszweig dar.
Nach dem Zusammenbruch des östlichen Verteidigungsbündnisses und der friedlichen Revolution in der DDR folgte, zum einen durch die einsetzende Reisefreiheit sowie durch die umfangreiche Sanierung beziehungsweise den Neubau touristischer Einrichtungen, auch ein erneuter Aufschwung auf der Insel Usedom. Usedom verfügt nicht nur über einen 42 Kilometer langen und

teils mehr als 100 Meter breiten feinsandigen Strand; die durchweg gute Wasserqualität und die Natur- und Waldlandschaft ermöglichen zudem vielfältige Freizeitaktivitäten. Die Insel zählt zu den sonnenreichsten Gegenden Deutschlands und ist eine geschichtsträchtige und abwechslungsreiche Urlaubsregion. Doch neben all den positiven Aspekten darf heute nicht vergessen werden, dass die Spuren der Geschichte noch vielerorts sichtbar sind und es aufgrund der Bedrohung durch alte Bomben und Munition sowie weiterer Altlasten noch immer zu Einschränkungen kommt. Neben sichtbaren Zeugnissen, wie etwa dem noch immer existierenden Sperrgebiet bei Peenemünde auf der Nordspitze der Insel Usedom oder dem gesperrten Waldgebiet der Mellenthiner Heide, werden die Badegäste und Bewohner der Badeorte durch angespülte Munitionsreste regelmäßig an die Vergangenheit erinnert. Wollte man nach dem Ende des Krieges die düstere Vergangenheit viele Jahrzehnte lang einfach verschweigen, setzte nach der deutschen Vereinigung und der militärischen Abrüstung eine schrittweise Aufarbeitung ein, da die Liegenschaften nun erstmals nach Jahrzehnten wieder zu betreten waren. Zum Beispiel unterrichten heute mehr als 20 Informationstafeln in der Umgebung Peenemündes differenziert über die nationalsozialistische Fernwaffenentwicklung.

Doch viele weitere Liegenschaften und damit verbundene Themen warten noch immer auf eine kritische Aufarbeitung. Dieser Band möchte dazu erste kleine Impulse setzen.

# Peenemünde

Die zwischen 1936 und 1945 intensiv genutzten Areale auf der Nordspitze der Insel Usedom wurden auch mehrere Jahrzehnte nach Ende des Zweiten Weltkriegs militärisch weitergenutzt. Wegen der strikten Abschottung der Militärs konnte eine touristische Entwicklung erst nach dem Abzug der russischen Streitkräfte sowie der Nationalen Volksarmee und der einsetzenden Konversion der einstigen militärischen Anlagen erfolgen. Heute ist das Historisch-Technische Museum Peenemünde ganzjährig eine wichtige Sehenswürdigkeit auf der Insel. Ausgehend vom Museum schildern inzwischen mehr als 20 Informationstafeln auf Usedom und auf dem benachbarten Festland, bei Wolgast, die geschichtlichen Hintergründe und die Auswirkungen des einstigen Rüstungszentrums. Daneben etablierten sich in den vergangenen Jahrzehnten weitere touristische Ziele in der Region. Der ehemalige Hafen Nord der Versuchsanstalt ist heute ein Yachthafen und Ferienhausgebiet. Auf der Halbinsel Peenemünde gibt es hinter dem einstigen Steinkohlekraftwerk eine Ausstellung zur maritimen Geschichte der Insel. Daneben dokumentiert das Raketenschiff der Tarantul-Klasse die Nutzung durch die Volksmarine der DDR. Vom Hafen Peenemünde aus legen in der Saison Fähren in Richtung Festland oder Rügen ab, und es werden Ausflüge zu den Inseln Ruden und Greifswalder Oie angeboten. Das vor Ort stationierte sowjetische U-Boot U-461 veranschaulicht eindrücklich den Rüstungswahn des Kalten Krieges.

**Heeresversuchsanstalt Peenemünde-Ost / Historisch-Technisches Museum Peenemünde**

Im Kraftwerk, 17449 Peenemünde
www.museum-peenemuende.de

Nach dem Ersten Weltkrieg begrenzte der Friedensvertrag von Versailles den Wiederaufbau des deutschen Militärs. Nationalkonservative Kräfte versuchten daher, die Vertragsbestandteile zu umgehen und die Armee im Verdeckten wieder aufzurüsten. Darunter fiel unter anderem die Entwicklung von leistungsfähigen, militärisch nutzbaren Flugzeugtypen und weitreichenden Raketen. Außerdem wendeten sich zahlreiche Ingenieure und Wissenschaftler solchen Waffentechnologien zu, die nicht den Aufrüstungsrestriktionen des Friedensvertrags von Versailles unterlagen. Nach der Machtergreifung der Nationalsozialisten wurde der Artillerieschießplatz Kummersdorf zu einem

Start einer A4-Rakete vom Prüfstand VII, ca. 1943

komplexen Entwicklungs- und Erprobungszentrum des Heeres ausgebaut. Auf einem Teil der »Heeresversuchsanstalt Kummersdorf« entwickelten Wissenschaftler wie zum Beispiel Wernher von Braun neuartige Raketentriebwerke. Nachdem die dortige Forschungseinrichtung schon bald an ihre Kapazitätsgrenzen gestoßen war, wurde ab 1936 im Norden der Insel Usedom die Heeresversuchsanstalt Peenemünde-Ost eingerichtet. Hier entstanden in wenigen Jahren Gebäude, in denen neuartige Raketenwaffen weiterentwickelt wurden, ein weitläufiges Testgelände mit mehreren Prüfständen, ein eigenes Steinkohlekraftwerk, Unterkünfte und Wohnsiedlungen für die Wissenschaftler und Arbeiter sowie eine elektrifizierte Werkbahn. Ingenieure und Wissenschaftler um Wernher von Braun entwickelten hier die erste funktions- und flugfähige Rakete mit einer Reichweite von mehreren Hundert Kilometern und führten sie schrittweise zur Serienreife. Der erste erfolgreiche Start der Rakete Aggregat-4 (A 4) erfolgte vom Prüfstand VII aus am 3. Oktober 1942. Diese Waffe ging nur zwei Jahre später als Vergeltungswaffe 2 (V2) – so die zynische Bezeichnung des NS-Regimes – in die Geschichte ein und versetzte vor allem durch die geringe Vorwarnzeit die britische Bevölkerung in Angst und Schrecken. Durch mehrere alliierte Bombenangriffe wurde das Versuchsgelände nahezu vollständig zerstört, sodass die Serienproduktion ab August 1943 in unterirdische Produktionsstätten des sogenannten Mittelwerks, in dem KZ-Häftlinge Tag und Nacht arbeiten mussten, im Harz verlagert wurde. Doch bis zum Ende des Krieges stellte Peenemünde mit mehreren Standorten (z. B. Pudagla → S. 29) auf der Insel Usedom ein wichtiges Hochtechnologiezentrum dar. Die nach dem Krieg von den Alliierten beschlag-

Großexponate auf dem Museumsgelände Peenemünde, 2017

nahmte Technik und die übernommenen Mitarbeiter sowohl aus Peenemünde als auch aus anderen deutschen Forschungs- und Produktionseinrichtungen prägten die Raketenentwicklung der Siegermächte in den Nachkriegsjahren maßgeblich.
Der Großteil des einstigen Rüstungs- und Forschungszentrums geriet durch die Lage auf dem inzwischen von der NVA militärisch genutzten Areal bei der Bevölkerung in Vergessenheit. Die Natur eroberte das Gelände Schritt für Schritt zurück. Auf dem Territorium des 1990 stillgelegten Kraftwerks am Hafen von Peenemünde eröffnete 1991 das Historisch-Technische Informationszentrum (HTI), die erste Dokumentationsstätte zur Geschichte der Nordspitze der Insel Usedom im »Dritten Reich« und zur militärischen Nutzung der Region. 2010 wurde der kommunale Betrieb in eine GmbH mit Landesbeteiligung umgewandelt, das Historisch-Technische Museum Peenemünde (HTM).

**Erprobungsstelle der Luftwaffe Peenemünde-West / Flugplatz Peenemünde**
Am Flugplatz, 17449 Peenemünde
www.peenemuende-west.de

Neben der Versuchsanstalt des Heeres etablierten die Nationalsozialisten ab 1935 mit dem Bau der Erprobungsstelle der Luftwaffe Peenemünde-West sowie eines Flugplatzes eine weitere Forschungs- und Erprobungseinrichtung auf der Insel Usedom. 1938 fertiggestellt, wurden hier Flugzeuge und Waffen für den regulären Einsatz in der Luftwaffe erprobt. Darunter fielen nicht nur Flugzeuge mit neuartigen Antrieben, sondern auch die Tests des weltweit ersten Marschflugkörpers, der Flugbombe Fi 103. Für deren Erprobung wurde der Bau verschiedener Abschusseinrichtungen am nordöstlichen Rand des Flugplatzes notwendig, von denen die Flugbombe gestartet werden konnte. Nachdem die Flugbombe ihre Serienreife erreicht hatte und an der Front zum Einsatz kam, wurde die Fi 103 in der Propaganda des NS-Regimes zynisch als Wunder- und Vergeltungswaffe 1 (V1) bezeichnet. Führende Techniker und Wissenschaftler beider Forschungseinrichtungen pflegten einen intensiven Austausch. Der Flugplatz spielte in den letzten Wochen des Zweiten Weltkriegs eine wichtige Rolle. Die hier startenden Flugzeuge sollten mehrere Oderbrücken zerstören, um den Vormarsch der Roten Armee zu erschweren. Am 4. Mai 1945 fiel die Nordspitze der Insel Usedom vollständig an die sowjetischen Truppen. Der Alliierte Kontrollrat ordnete im Dezember 1945 die Zerstörung aller militärisch nutzbaren Bauten in Deutschland an. Darunter fiel auch ein Großteil der Gebäude und Einrichtungen in Peenemünde. Doch damit endete keineswegs die militärische Nutzung der

Reste einer Startrampe der Fi 103 auf dem Flugplatz Peenemünde, 2010

Region. Der Stationierung der sowjetischen Streitkräfte folgte neben den umfangreichen Demontagen unter anderem der Werft- und Flugzeughallen der Neubau notwendiger Funktionsbauten. Ab 1961 begann der letztlich bis 1989/90 andauernde Betrieb durch die Nationale Volksarmee (NVA), die Peenemünde in mehreren Etappen zum Standort des Jagdgeschwaders 9 (JG-9) ausbaute. Nach der Auflösung der NVA wurden auf dem weitläufigen Areal Fahrzeuge und Ausrüstungsgegenstände zwischengelagert, die schnellstmöglich in großen Mengen veräußert werden sollten. Seit der Privatisierung des Areals finden von hier aus auch Rundflüge statt. An der Zufahrt zum Flugplatz starten Geländeführungen durch die riesige Denkmallandschaft, die sonst nicht betreten werden darf.

# Karlshagen

Die Entwicklung des heutigen Ostseebades Karlshagen war eng mit dem Aufbau des Rüstungszentrums Peenemünde verbunden. Das nicht weit vom Arbeitsort entfernte Seebad Karlshagen schien ideal für den Bau von Wohnsiedlungen für die Angestellten, Techniker und Wissenschaftler. Karlshagen selbst gehörte zwischen 1939 und 1945 zum abgeriegelten Sperrgebiet um Peenemünde. Eine Werkbahn mit einem Streckennetz von 106 Kilometern nach dem Vorbild der Berliner S-Bahn verband die Siedlung mit den Forschungseinrichtungen bis hin zum Steinkohlekraftwerk. Die Einwohnerzahl stieg zwischen 1936 und 1943 um mehr als 5000. Mit den alliierten Luftangriffen auf Peenemünde im August 1943 endete der Ausbau des dringend benötigten Wohnraums. Die größenwahnsinnigen Pläne des NS-Regimes sahen zusätzlich den Bau einer Wohnsiedlung für bis zu 20000 Menschen zwischen Karlshagen und Trassenheide vor. Doch letztlich blieb es bei den Planungen für die »Stadt X«. Lediglich das Lager für 6000 Arbeitskräfte bei Trassenheide, das

Mosaikwand der Mahn- und Gedenkstätte Karlshagen, 2016

spätere Gemeinschaftslager (→ S. 18), entstand als bauliche Vorleistung. Heute sind in Karlshagen einige Wohnhäuser aus den 1930er-Jahren erhalten, etwa in der Waldstraße. In der Nähe findet man, nicht weit entfernt von der Straße in Richtung Peenemünde, Reste des Bahnhofs »Karlshagen Siedlung« mit drei Bahnsteigen, die noch immer durch einen unterirdischen Fußgängertunnel miteinander verbunden sind.

### Mahn- und Gedenkstätte Karlshagen

Bahnhofstraße, 17449 Karlshagen

Wegen eines Markierungsfehlers der alliierten Luftstreitkräfte fiel in der Nacht vom 17. zum 18. August 1943 die Hauptlast der Bomben nicht auf die Forschungs- und Produktionsanlagen in Peenemünde, sondern auf die Wohnsiedlung in Karlshagen und das Barackenlager Trassenmoor in Trassenheide (→ S. 18). Mindestens 735 Menschen, darunter viele Häftlinge und Zwangsarbeiter aus der Region, Wissenschaftler und Techniker, kamen ums Leben. Die Toten wurden in einem Massengrab an der Straße nach Karlshagen beigesetzt. An diesem Ort wurde am 8. Mai 1971 die Mahn- und Gedenkstätte Karlshagen eingeweiht. Eine Mosaikwand des Künstlers Klaus Rößler erinnert seitdem an die Fremd- und Zwangsarbeiter, die im Norden der Insel Usedom in der Rüstungsproduktion zum Einsatz kamen. Der Friedhof und die Mahn- und Gedenkstätte erinnern an die Opfer des Barackenlagers Trassenmoor, an die ums Leben gekommenen Häftlinge und Zwangsarbeiter sowie die Wissenschaftler und Werksangestellten, die in und um Peenemünde bei Bombenangriffen starben.

# Trassenheide

Nachdem in der 10. Auflage des *Reichs-Handbuchs der deutschen Fremdenverkehrsorte* (1938) neben Trassenheide auch Karlshagen als empfehlenswerter Erholungsort aufgeführt worden war, fehlte der Ort in der 11. Auflage (1939). Urlaubsaufenthalte waren in Karlshagen spätestens ab 1939 aus Geheimhaltungsgründen nicht mehr möglich. In Trassenheide hingegen fanden in der überarbeiteten Fassung des *Reichs-Handbuchs* zahlreiche Hotels und Pensionen Erwähnung. Die Geschichte des Ostseebades Trassenheide wurde stark von dem in den 1940er-Jahren zwischen Karlshagen und Trassenheide unterhaltenen Barackenlager für mehrere Tausend Menschen geprägt. Unweit des Seebades war 1941 ein Lager für 6000 Personen errichtet worden. Die Liegenschaft war für die Arbeitskräfte der »Stadt X« vorgesehen. Doch mit dem Entschluss, die Serienfertigung der Raketen an bombensichere Standorte zu verlegen, wurden die Pläne der neuen Siedlung verworfen und das Barackenlager in das sogenannte Gemeinschaftslager Trassenheide umgewandelt.

**Gemeinschaftslager Trassenheide/Ruine (Infotafel)**
Bahnhofstraße 48, 17449 Ostseebad Trassenheide
(gegenüber dem Reit- & Freizeithotel Friesenhof)

Zwischen der Eisenbahnstrecke in Richtung Peenemünde und der Ostsee bestand das Gemeinschaftslager Trassenheide aus 40 Baracken. In den Unterkunfts- und Sozialbaracken waren mehr als 4000 »dienstverpflichtete« Arbeitskräfte und Zwangsarbeiter aus ganz Europa einquartiert. Ein Stacheldrahtzaun und Wachposten sicherten den weitläufigen Komplex. In der Nacht vom 17. auf den 18. August 1943 erfolgte ein verheerender Luftangriff der alliierten Streitkräfte auf das Lager. Aufgrund eines Fehlers bei der Zielmarkierung wurde ein Großteil der Bombenlast, die eigentlich für die militärischen Anlagen bei Peenemünde vorgesehen war, über dem Lager abgeworfen. Die Bewohner waren dem Angriff schutzlos ausgeliefert, da sie nicht flüchten konnten. Mehrere Hundert Menschen verloren ihr Leben. Sie wurden in einem Massengrab bei Karlshagen (→ S. 16) bestattet. Nach der Bombardierung wurde das Lager aufgelöst. Heute erinnern neben einer Informationstafel Fundament- und Zaunreste an das Gemeinschaftslager. Neben dem Gemeinschaftslager Trassenheide wurde in der Nähe des Flugplatzes Peenemünde von April 1943 bis Ende 1944 das KZ-Außenlager Karlshagen I unterhalten. In dem Lager waren bis zu 1500 Personen inhaftiert, die vornehmlich bei Bauarbeiten im Werk West eingesetzt wurden.

Gedenkstein für die Bombenopfer des Lagers Trassenheide, 2013

## Zinnowitz

In Zinnowitz entwickelte sich der Badebetrieb ab der zweiten Hälfte des 19. Jahrhunderts. Spätestens in den 1920er-Jahren war Zinnowitz wegen der guten Verkehrsanbindung und der landschaftlich reizvollen Lage zwischen Achterwasser und Ostsee ein beliebter Badeort an der pommerschen Küste. Ärztliche Betreuung sowie Sport- und Freizeitmöglichkeiten rundeten die Vorzüge des Seebades ab.

Der Bau einer Seebrücke (1904) und die Errichtung einer Brücke über den Peenestrom bei Wolgast (1937) trugen zu einem

Schwabe's Hotel, ca. 1935

weiteren Aufschwung bei. Doch die Ausdehnung des Kontroll- und Sperrgebiets um Peenemünde sorgte nach dem Sommer 1938 für den Niedergang des Badebetriebs im Norden der Insel. Der Grund war nicht allein die Nähe zu Peenemünde, im Waldgebiet zwischen Zinnowitz und Zempin entstand in dieser Zeit ein Ausbildungskomplex an den Abschussrampen der Fi 103 (→ S. 25). Der Bahnhof Zinnowitz und die Straßenverbindung prädestinierten den Ort für einen Umschlagplatz für Passagiere und Güter zwischen der abgeschotteten Nordspitze und dem Festland. Außerdem wohnte der Kommandant der Heeresversuchsanstalt im Ort. Nach Kriegsende entwickelte sich Zinnowitz wieder schrittweise zu einem beliebten Ostseebad. Neben Unterkünften des Feriendienstes des Freien Deutschen Gewerkschaftsbunds wurde der Ort aufgrund eines Ministerratsbeschlusses 1953 zum zentralen Ferienort des Uranbergbauunternehmens Wismut bestimmt. Über die wechselvolle Geschichte des Bades berichten seit 2005 etwa 30 Informationstafeln in der Nähe historischer Gebäude.

**Schwabe's Hotel / Usedom Palace Hotel**

Dünenstraße 8, 17454 Zinnowitz
www.usedom-palace.de

Das am 1. Juli 1900 eröffnete Schwabe's Hotel galt ab den 1920er-Jahren als eine der vornehmsten Adressen auf Usedom. Neben Politikern, Künstlern (Hedwig Courths-Mahler, Hans Fallada) und Industriellen (Walther Rathenau) übernachteten nach dem Bau der Versuchsanstalten in und um Peenemünde ab 1937 auch Militärs und Wissenschaftler, darunter Wernher von

Das Usedom Palace Hotel, 2015

Braun, im Hotel. Im Herbst 1938 wurde das Hotel geschlossen und empfing erst ab 1946 wieder Gäste. Die Eigentümerfamilie leitete das Hotel bis zu seiner Enteignung im Rahmen der »Aktion Rose« (→ S. 7) 1953. Anschließend wurde es bis 1990 als Ferienheim der Industriegewerkschaft Wismut genutzt. Nach Sanierung und Umbau begrüßt seit 2000 das »Palace Hotel« seine Gäste. Das historische Gebäude ist ein Beispiel für die imposante Bäderarchitektur auf der Insel Usedom.

Das *Reichs-Handbuch der deutschen Fremdenverkehrsorte* charakterisierte im Jahr 1938 Zempin, das an einer sehr schmalen Stelle der Insel Usedom liegt, wie folgt: »Die würzige See- und Waldluft wirkt belebend, fördert Atmung, Blutumlauf und Stoffwechsel.« Touristisch spielte Zempin als Seebad zu dieser Zeit eine untergeordnete Rolle. Wie das Restaurant von Schwabe's Hotel (→ S. 21) war das noch heute existierende Hotel/Restaurant »Inselhof« für Wernher von Braun und seine Peenemünder Kollegen ein beliebtes Ausflugsziel. Hierher gelangte von Braun regelmäßig mit der Segelyacht »Seedorf«, die sonst in Peenemünde vor Anker lag. Seit 2017 ist die »Seedorf« in der maritimen Sammlung des Ferienkomplexes »Halbinsel Peenemünde« ausgestellt.

Die 1933 errichtete Seebrücke in Zempin, ca. 1935

Reste der einstigen Startstellung der Flugbombe Fi 103 bei Zempin, 2015

Das Leben im Badeort Zempin war ab 1938/39 durch die bis 1945 von der Wehrmacht unterhaltene Marine-Flakschule VIII (im Bereich der heutigen Seestraße) zur Ausbildung an schweren Landflak-Geschützen geprägt. Die ab 1943 zwischen Zempin und Zinnowitz aufgebauten und unterhaltenen Startrampen dienten daneben Schulungs- und Trainingszwecken an der Fi 103. Nach dem Zweiten Weltkrieg trug die Eröffnung des Campingplatzes (1956) zu einem touristischen Aufschwung des Ortes bei. 1996 wurde Zempin der Titel »Staatlich anerkanntes Seebad« verliehen.

## Startrampen der Fi 103 / Ruine und Infotafel

Am Dünengelände, 17459 Zempin

Zur Vorbereitung des Kriegseinsatzes der Flugbombe Fi 103, die in der NS-Propaganda Vergeltungswaffe 1 (V1) genannt wurde, errichtete man drei Stellungen im Hinterland der Ostseeküste bei Zempin. Unter simulierten Einsatzbedingungen wurde das spätere Bedienpersonal mit der neuartigen Waffe unter Feldbedingungen vertraut gemacht. Neben den Startstellungen gab es hier ein Richthaus und Nebengebäude. Nach den ersten Starts in Zempin am 26. Oktober 1943 erfolgte im Juni 1944 der massive Einsatz der Waffe gegen Flächenziele in England. Die in Frankreich vorbereiteten Stellungen besaßen große Ähnlichkeit mit der Einrichtung in Zempin. Inzwischen erinnern mehrere Betonfundamente und die Reste der Stellungen selbst an das dunkle Kapitel der militärischen Nutzung des heutigen Küstenwaldes. Eine Informationstafel am Fahrradweg, der parallel zur Ostsee Karlshagen und Swinemünde verbindet, unterrichtet über die Historie der Bauten.

Flugbombe Fi 103 auf dem Außengelände des HTM Peenemünde, 2008

## Koserow

In der Nähe des etwa 60 Meter hohen Streckelsbergs liegt Koserow, das seit mehr als 175 Jahren ein beliebtes Seebad auf Usedom ist. Die natürliche Erhebung am Ufer der Ostsee bot sich Ende der 1930er-Jahre für den Bau eines massiven Beobachtungsturms der Wehrmacht an. Entlang der Küstenlinie wurden in Richtung Osten mehrere ähnliche Bauten errichtet. Von diesen wurden die Raketenflugbahnen der in Peenemünde entwickelten Fernwaffen beobachtet und der Schiffsverkehr entlang der Küste observiert. Ob die Militärs von hier aus auch nach Vineta Ausschau hielten, ist nicht überliefert, dass die Koserower Fischer Fahrten zum angeblichen Ort der versunkenen Stadt anboten, hingegen schon. Die 125 Meter lange imposante Seebrücke wurde im strengen Winter 1941/42 durch Eismassen zer-

Der Strand von Koserow mit Seebrücke und Bad, ca. 1937

stört. Eines der architektonisch interessantesten Gebäude in Koserow ist das 1915 im Auftrag der deutschen Heeresleitung errichtete Sanatorium für lungenkranke Soldaten. Das Kurhaus Parow diente ab 1939 als Notquartier für evakuierte Familien aus dem Baltikum und später für Kinder aus Berlin. Nach der Nutzung als Kindersanatorium fiel das Haus 1953 der »Aktion Rose« (→ S. 7) zum Opfer und wurde nach der Enteignung als FDGB-Erholungsheim »Walter Ulbricht« betrieben. In den 1990er-Jahren erfolgten die Sanierung und die Wiedereröffnung als »Waldschloss Parow«. Der Beobachtungsturm auf dem Streckelsberg wurde abgetragen. Ein ähnlicher Turm befindet sich noch auf der Insel Ruden.

**Museum Atelier Otto Niemeyer-Holstein**

Lüttenort 1, 17459 Koserow
www.atelier-otto-niemeyer-holstein.de

Seit den 1930er-Jahren war ein kleines Anwesen in der Nähe von Koserow Lebens- und Arbeitsort des 1896 in Kiel geborenen Otto Niemeyer. Wegen einer Nervenverletzung während seines freiwilligen Militärdienstes 1914/15 hielt er sich anschließend zur Kur in der Schweiz auf, wo er zu zeichnen und zu malen begann. Durch Kontakte zu Künstlern und Unterricht an der Kunstakademie in Kassel entwickelte sich Niemeyer stetig weiter. Nach der Machtergreifung der Nationalsozialisten zog er sich auf seinen »Lüttenort« bei Koserow zurück und arbeitete im Stillen weiter. Sein Hauptthema war die Landschaft der Küste. Seine bis dahin ausgestellten Werke wurden 1937 im Auftrag des NS-Regimes aus den Museen als »entartete Kunst« entfernt.

Garten und Atelier des Künstlers Otto Niemeyer-Holstein, 2017

In den Kriegsjahren wurde er als Eisenbahner in Zempin dienstverpflichtet. Doch Niemeyer-Holstein – so sein ab 1917 auf Anraten eines Freundes selbst gewählter Künstlername, um an seine Herkunft zu erinnern – fand durch die Unterstützung von Freunden und Bekannten immer Mittel und Wege, um sich weiter mit Kunst und Malerei zu beschäftigen und begründete später die »Usedomer Malerschule« mit. In den 1950er- und 60er-Jahren reiste er viel und kehrte immer wieder nach Koserow zurück. Nachdem er 1964 zum Professor ernannt worden war, folgte 1969 die Aufnahme als Mitglied der Akademie der Künste der DDR. Niemeyer-Holstein stand der Niederschlagung des »Prager Frühlings« 1968 kritisch gegenüber und wurde daher vom Ministerium für Staatssicherheit observiert. Nach seinem Tod 1984 wurde Lüttenort, auf seinen Wunsch hin, in den Zustand versetzt, in dem er es verlassen hatte. Das Anwesen wird seit 1985 als Museum und Ort der Begegnung genutzt.

Je weiter man Anfang des 20. Jahrhunderts in das Hinterland der Insel vorstieß, desto stärker war das Leben landwirtschaftlich geprägt. Der wachsende Bädertourismus brachte nur den Seebädern selbst einen wirtschaftlichen Aufschwung. Das Schloss Pudagla in der Nähe des Schmollensees war ab 1935 Stammsitz des Landjahrlagers Pudagla. Die bereits in der Weimarer Republik ins Leben gerufene Landhilfe stellte zunächst eine Maßnahme gegen die Jugendarbeitslosigkeit dar. Doch die Nationalsozialisten missbrauchten sie als staatliche Erziehungseinrichtung, um auf die Jugendlichen im Sinne des Regimes Einfluss zu nehmen. Nach der Bombardierung der Nordspitze der Insel Usedom im Sommer 1943 wurden die Räume im Schloss von der Heeresversuchsanstalt Peenemünde beschlagnahmt. Sie dienten seitdem Wissenschaftlern als abgelegene, provisorische Arbeitsstätte. Kurz nach Kriegsende wurde das Schloss Quartier für sogenannte Umsiedler aus den evakuierten Ostgebieten. Später fungierte es als kulturelles Zentrum des Ortes. In der Zeit des Kalten Krieges, ab den 1960er-Jahren, bezogen südlich des Ortes mehrere Einheiten der NVA zwei separate Liegenschaften.

### Schloss Pudagla

Schlossstraße 8, 17429 Pudagla

Nach der Bombardierung Peenemündes im Sommer 1943 wurde die Serienfertigung der auf Usedom entwickelten Fernwaffen an andere Standorte, unter anderem in das unterirdi-

Schloss Pudagla, 2017

sche und damit bombengeschützte Mittelwerk bei Nordhausen »verlagert«, wo Häftlinge aus dem Konzentrationslager Mittelbau-Dora arbeiten mussten. Gleichwohl verblieben Entwicklungs- und Forschungsabteilungen auf der Insel, um die Weiterentwicklung der Waffen voranzutreiben. Zum Schutz vor Luftangriffen entschied man sich für eine dezentrale »Verlagerung« außerhalb der ursprünglichen Kernzone auf der Nordspitze der Insel an unterschiedliche abgelegene Orte, so auch die Abteilung Hölzer. Helmut Hölzer war für die Entwicklung eines Bordrechners zur Steuerung der Flugkörper (Mischgerät) und des ersten elektronischen analogen Computers zur vorherigen Flugbahnberechnung für Simulationszwecke verantwortlich. Die Kellergewölbe im Schloss Pudagla nahmen die Abteilung »Karlshagen III«, so die Tarnbezeichnung, auf. Helmut Hölzer selbst wohnte im nahen Forsthaus. Wie auch Wernher von Braun siedelte Hölzer nach Ende des Zweiten Weltkriegs in die USA über und wurde dort 1960 zum Director of Computing am Marshall Space Flight Center ernannt. In seine Zuständigkeit fiel die Fernsteuerung der Mondraketen des Apollo-Programms. Eine Informationstafel vor dem Schloss Pudagla erinnert an die Historie des Gebäudes.

# Mellenthin

Das im 16. Jahrhundert errichtete Schloss Mellenthin wechselte mehrfach die Besitzer. Das imposante Anwesen gilt als geografisches Zentrum der Insel Usedom. In der DDR-Zeit wurde das Schloss als Kindergarten, aber auch als Heimatmuseum genutzt. Mit der Privatisierung 2001 folgten eine schrittweise Restaurierung und die Eröffnung des Hotels »Wasserschloss Mellenthin« (Schlossallee 5, 17429 Mellenthin).

Brückenhäuschen vor dem Wasserschloss Mellenthin, 2017

## Marine-Artillerie-Arsenal Mellenthiner Heide / Ruine

Chausseeberg, 17429 Mellenthin

Neben dem Sperrgebiet auf der Nordspitze der Insel Usedom war zwischen 1936 und 1945 das Munitionsdepot der Kriegsmarine der Wehrmacht eine große militärische Liegenschaft. Hier wurden Granaten befüllt und Flakmunition sowie Torpedos aufbewahrt. Bis zur Besetzung der Insel durch die Rote Armee erfolgte von hier aus die Belieferung militärischer Dienststellen in und um Swinemünde. Dazu gehörten die U-Boot-Basis auf der Insel Kaseburg (→ S. 56) und die in der Kaiserfahrt vor Swinemünde vertäuten Schiffe. Neben dem Landweg stand ein kleiner Hafen bei Dargen im Stettiner Haff zur Verfügung. In dem Arsenal kamen auch zahlreiche Zwangsarbeiter und Kriegsgefangene zum Einsatz. Im Rahmen der Regelungen des Potsdamer Abkommens wurden die Einrichtungen und Anlagen nach dem Krieg demontiert. Auf einem Teil des Geländes hat heute ein Munitionsbergungsdienst seinen Standort. Das umliegende Areal gilt noch immer als munitionsbelastetes Sperrgebiet und darf nicht betreten werden.

Warnschild am Gelände des ehemaligen Munitionsdepots in Mellenthin, 2015

Usedom galt wegen seiner reizvollen Landschaft und der Ruhe abseits der Seebäder in den 1930er-Jahren als besonders geeigneter Ruhesitz. Der Bau und die Eröffnung der Usedomer Bäderbrücke 1931 (heute Zecheriner Brücke) verbesserte die Infrastruktur der Insel Usedom immens. Auf direktem Weg von Anklam waren die Kaiserbäder für Straßenfahrzeuge schneller zu erreichen. Nach wenigen Kilometern auf der Insel passierten die Reisenden die historische Stadt Usedom, deren Altstadt mit dem Anklamer Tor ein beliebtes Ausflugsziel darstellte. Wenige Wochen vor dem Ende des Zweiten Weltkriegs wurden sowohl die Straßen- als auch die Eisenbahnbrücke über den Peenestrom bei Zecherin und Karnin zerstört, um den Vormarsch der Roten Armee zu erschweren. Doch letztlich nahmen die sowjetischen Truppen am 4. Mai 1945 die Stadt kampflos ein. Erst beinahe zehn Jahre später war die Straßenverbin-

Das Anklamer Stadttor in Usedom-Stadt, ca. 1933

Schloss Stolpe, 2008

dung über eine reparierte Brücke wiederhergestellt. Bis dahin pendelte wie vor der Eröffnung der historischen Brücke eine Fähre zwischen dem Festland und der Insel Usedom. Neben dem Schloss Mellenthin (→ S. 31) ist das nahe Schloss Stolpe (Am Schloss 9, 17406 Stolpe auf Usedom) eines der ältesten Baudenkmäler auf der Insel. Als letzter Herrensitz unter der Verwaltung der Gräfin Freda von Schwerin wurde das Anwesen 1945 während der Bodenreform enteignet. Seit der Restaurierung in den 1990er-Jahren dient das Schloss als Veranstaltungsort unter anderem für das seit 1994 jährlich stattfindende Usedomer Musikfestival.

Die Lage am Peenestrom beeinflusste auch die Entwicklung Karnins. Einer zwischen 1874 bis 1876 erbauten Drehbrücke für den Eisenbahnverkehr zwischen den Ortschaften Karnin und Kamp folgte der Bau der damals größten und modernsten Hubbrücke Europas. Karnin ist heute ein Ortsteil der Stadt Usedom.

Die weithin sichtbare Ruine der Eisenbahnhubbrücke, 2015

## Eisenbahnhubbrücke Karnin / Ruine

Dorfstraße 12, 17406 Karnin
www.karninerbruecke.eu

Unweit der Usedomer Bäderbrücke (→ S. 33) stellte die am 15. September 1933 eröffnete Eisenbahnhubbrücke eine weitere moderne Verbindung mit der Insel Usedom dar. Die 360 Meter lange Brücke wurde für die Verkehrsströme des wachsenden Bädertourismus errichtet. Doch in den letzten Wochen des Zweiten Weltkriegs fuhren unzählige Züge mit Zehntausenden evakuierten Flüchtlingen aus den ehemaligen sogenannten Ostgebieten, die über den Seeweg in Swinemünde ankamen, über die Brücke in das Landesinnere. Um den Vormarsch der Roten Armee zu verzögern, ließ die Wehrmacht die Brücke am 28. April 1945 sprengen. Nur noch der Hubteil erinnert heute als technisches Denkmal an die Eisenbahnverbindung. Im ehemaligen Empfangsgebäude befindet sich eine kleine Ausstellung des Informationszentrums Karnin zur Geschichte der Brücke und der Eisenbahn in der Region. Eine Bürgerinitiative engagiert sich für die Reaktivierung der Eisenbahntrasse und den Wiederaufbau der Hubbrücke.

Bansin, das »Bad mit Ruf«, ist von Norden kommend das erste und kleinste der Kaiserbäder auf der Insel Usedom. Das *Reichs-Handbuch der deutschen Fremdenverkehrsorte* pries den Ort an und beschrieb ihn 1938 folgendermaßen: »Bansin (...) gibt dem erholungsbedürftigen Großstädter und dem abgehetzten Industriemenschen Gesundheit und neue Lebensfreude.« Die Unterkünfte waren dementsprechend in der Vor-, Nach- und Hauptsaison sehr gut gebucht. Das Bad etablierte sich mit seinem flach abfallenden Strand als Familienbad für den Mittelstand. Zu den traurigen Kapiteln des Seebades gehört die Erklärung des Gauleiters von Pommern Wilhelm Karpenstein im Jahr 1933, der es als das »erste judenfreie deutsche Bad« bezeichnete.

Zeitgenössische Ansichtskarte Bansins, 1934

Waldkirche in Bansin, 2010

Daneben ist die 1939 eingeweihte Waldkirche in Bansin herauszuheben. Der Bau neuer Kirchen in Deutschland nahm nach der Machtübernahme der Nationalsozialisten enorm zu. Mehr als 600 Kirchen wurden in den 1930er-Jahren zwischen der Ostsee und den Alpen neu errichtet. Viele Kirchen lehnten sich architektonisch an den sogenannten Heimatschutz-Stil an. Das Ziel waren im Sinne des NS-Regimes gestaltete und kontrollierte Versammlungsräume der Volksgemeinschaft.
Die schlicht gehaltene Bansiner Waldkirche (Kirchstraße/Ecke Waldstraße, Gothenweg 1, 17429 Bansin) mit ziegelgedecktem Schiff und einem hohen schlanken Turm fasste mehr als 250 Personen. Als Vorbild diente die Kreuzkirche in Swinemünde. Im Rahmen der »Metallspende des deutschen Volkes« wurden 1942 zwei der drei Glocken für die Beschaffung kriegswichtiger Rohstoffe »gespendet«. Mit derartigen Aktionen wurden der Rüstungsindustrie dringend benötigte Rohstoffe zugeführt, um die Kriegsmaschinerie am Laufen zu halten.

Das zweite Kaiserbad, Heringsdorf, war schon vor etwa 150 Jahren ein weltbekannter Kurort. Die bereits 1928 erschlossene Solequelle, die ausgedehnten Moorlager und die 500 Meter lange Seebrücke waren Wahrzeichen des 2000-Einwohner-Ortes in den 1930er-Jahren. Viele Häuser in Heringsdorf wurden im Stil der Bäderarchitektur errichtet. Ausgehend vom ersten, 1793 gegründeten Seebad auf dem europäischen Festland, Heiligendamm, prägte dieser Baustil zahlreiche Bäder an der Ostseeküste. Während der Gründerzeit setzte auch dort ein Bauboom ein. Als Seebad der Oberschicht und mit einer hohen Zahl an internationalen Gästen galt Heringsdorf anders als die benachbarten Bäder zumin-

Badestrand und Seebrücke in Heringsdorf, um 1935

dest bis zum Sommer 1935 als »judenfreundlich«. Der Kur- und Badebetrieb war in Heringsdorf bereits in den 1930er-Jahren ganzjährig möglich. In der Saison starteten hier Ausflugsfahrten bis nach Bornholm oder Kopenhagen. Allerdings wurde schon 1934 mit der unweit der Stadt errichteten Thingstätte (→ S. 42) einer der wichtigsten Versammlungsorte des NS-Regimes auf der Insel Usedom etabliert.

**Villa Bleichröder / Residenz Bleichröder**
Delbrückstraße 14, 17424 Heringsdorf
www.residenz-bleichroeder.com

Eines der repräsentativsten Gebäude in Heringsdorf ist die denkmalgeschützte Villa Bleichröder, die ab 1890 der jüdischen Bankiersfamilie Bleichröder als Sommersitz diente. 1938 floh

Die Villa Bleichröder in Heringsdorf, 2017

Einweihung der Thingstätte Usedom durch Wilhelm Karpenstein, den Gauleiter von Pommern, 1934

die Familie vor den Repressalien der Nationalsozialisten aus Deutschland. Von den Nationalsozialisten beschlagnahmt, diente das Anwesen nach Umbauten als Entbindungsheim der Nationalsozialistischen Volkswohlfahrt (NSV). Nach der Besetzung Usedoms durch die Rote Armee erfolgte die Umwandlung in ein Sanatorium. 1951 übernahm der Freie Deutsche Gewerkschaftsbund (FDGB) die Villa und betrieb sie als Ferienheim. Das Gebäude wird nach der Privatisierung in den 1990er-Jahren und der Sanierung seit 2000 als »Residenz Bleichröder« unterhalten.

### Thingstätte Usedom / Ruine

Jägersberg, 17424 Heringsdorf

Mit dem Bau von Versammlungsstätten im Freien wollten die Nationalsozialisten die altgermanische Thingtradition wiederbeleben. Für die Region Usedom wurde ein Areal im Forst des Präsidentenberges in der Nähe des Bismarckturms und des Bahnhofs Heringsdorf als Thingstätte ausgewählt. Von Arbeitern des Reichsarbeitsdienstes gebaut, wurde sie am 1. Mai 1934 feierlich eingeweiht. Mehrere Tausend Menschen erlebten hier politische Kundgebungen und Veranstaltungen wie etwa Sonnenwendfeiern. Doch ab 1935 setzten die Nationalsozialisten auf andere Medien wie Radio und Film, um die Massen zu beeinflussen. Nach dem Zweiten Weltkrieg wurden der Bismarckturm und die Thingstätte komplett abgetragen. Heute zeugt nur noch in der Nähe des Baumwipfelpfades Usedom eine Senke im Gelände von der einstigen nationalsozialistischen Kultstätte.

### Fliegerhorst Garz / Flugplatz Heringsdorf / Ausstellung Hangar 10

An der Haffküste 1, 17419 Zirchow
www.hangar10.de

1919 wurde südwestlich von Garz ein ziviler Start- und Landeplatz in Betrieb genommen. Nach der Gründung der nationalsozialistischen Luftwaffe 1935 wurde er in wenigen Monaten Bauzeit zu einem militärischen Fliegerhorst ausgebaut. In großen Flugzeughallen und dem benachbarten Kasernenbereich zwischen Flugplatz und Haff waren bis zum Ende des Zweiten Weltkriegs mehrere Luftwaffeneinheiten stationiert, die hier auch

Die Ausstellungshalle im Hangar 10, 2015

geschult wurden. In den letzten Kriegsmonaten operierten von hier aus Flugzeuge der Luftwaffe gegen die vorrückende Rote Armee. Anfang Mai 1945 wurde der Platz fluchtartig geräumt und intakt von den Sowjets übernommen, die hier bis 1951 Marineflieger stationierten. Auch die Nationale Volksarmee nutzte einen Teil des Flugplatzes. Bis 1989/90 befand sich hier ein Reserveflugplatz mit teilweise ziviler Nutzung. Seit der Abwicklung der NVA und dem Abzug der russischen Truppen wird der Flugplatz heute als ziviler Verkehrsflughafen Heringsdorf betrieben. Doch sind noch immer Spuren der ehemaligen militärischen Nutzung zu finden. Eine ehemalige Flugzeughalle wird seit einigen Jahren als Ausstellungs- und Eventlocation »Hangar 10« betrieben.

# Ahlbeck

Mit dem zunehmenden Bädertourismus wuchsen die drei benachbarten Seebäder immer weiter zusammen. Während Bansin vor allem die Mittelschicht und Heringsdorf die Oberschicht ansprachen, wurde Ahlbeck im *Reichs-Handbuch der deutschen Fremdenverkehrsorte* als »gemütlicher Badeort, der seinen Gästen bei angemessenen Preisen Unterhaltung, Erholung und Heilung bietet« beschrieben.

Ahlbecker Strand, um 1935

Aufgrund der Nähe zur Garnisons- und Handelsstadt Swinemünde wurden ab Mitte der 1930er-Jahre auch in Ahlbeck mehrere militärische Einheiten stationiert. In den Dünen des Seebades errichtete man Küstenbatterien und am Zirowberg eine der größten Funkstationen der Wehrmacht. Von beiden Liegenschaften ist heute nichts mehr zu sehen. Die Seebrücke Ahlbeck ist

Seebrücke Ahlbeck, 2017

ein Wahrzeichen des Ortes aus dem 19. Jahrhundert. Nachdem im harten Winter 1941/42 Teile der Brücke durch Eismassen zerstört wurden, erfolgte die Instandsetzung 1952.

**Kaiser-Wilhelm-Kinderheim / Jugendferienpark Ahlbeck**
Dünenstraße 2, 17419 Seebad Ahlbeck

Im 1913 eingeweihten Kaiser-Wilhelm-Kinderheim weilten in den Sommermonaten gleichzeitig bis zu 900 Kinder, vornehmlich aus Berlin, zur Erholung. Diese Funktion behielten die auf Wunsch des Kaisers in skandinavischer Bauart errichteten Holzhäuser auch nach der Machtübernahme durch die Nationalsozialisten, doch Kinder jüdischer Familien waren fortan ausgeschlossen. Nach dem Tod von Kaiser Wilhelm II. in seinem Exil im

Sanierte Bauten des einstigen Kaiser-Wilhelm-Kinderheims, 2018

niederländischen Doorn wurde die Einrichtung 1941 der Deutschen Reichspost als neuem Träger übereignet. Oberin Mathilde Kirschner leitete das Heim seit der feierlichen Einweihung bis zum Ende des Zweiten Weltkriegs. Während der nationalsozialistischen Diktatur wurde sie mehrfach denunziert, da sie zum Beispiel russische Kriegsgefangene, die beim Bau der Luftschutzeinrichtungen auf dem Gelände eingesetzt waren, zur Einweihungsfeier einlud. Doch der Postminister als übergeordneter Träger wies alle Vorwürfe zurück und stellte sich schützend vor sie. Kurz vor Kriegsende wurden die letzten Kinder unter widrigen Umständen zu ihren Familien nach Berlin zurückgebracht. Nachdem das Gelände zwischen 1945 und 1949 der Roten Armee als Stabsquartier gedient hatte, wurde es in ein Zentrales Pionierlager der DDR umgewandelt. Seit März 1993 ist das Gelände im Besitz der Sportjugend Berlin, die hier den Jugendferienpark Ahlbeck unterhält.

Direkt am Stettiner Haff gelegen, ist Kamminke eine der ältesten Fischersiedlungen auf der Insel Usedom. Vom kleinen Hafen aus pendelt in der Saison eine kleine Fähre nach Ueckermünde. Nördlich der Gemeinde erhebt sich der 69 Meter hohe Golm, die höchste Erhebung Usedoms. Noch heute erkennt man die Reste einer Burgwallanlage aus dem 6. und 7. Jahrhundert v. Chr. Bei schönem Wetter hat man von hier aus einen weiten Blick in die Landschaft.

**Gedenkstätte Golm / Jugendbegegnungs- und Bildungsstätte**
Dorfstraße, 17419 Kamminke
www.jbs-golm.de

Ab Sommer 1944 war der Golm letzte Ruhestätte und Ehrenfriedhof für mindestens 1500 Wehrmachtsangehörige. Nach dem alliierten Luftangriff auf Swinemünde vom 12. März 1945 wurde der Golm daneben zum Massengrab von mehreren Tausend Flüchtlingen, die sich an dem Tag in Swinemünde aufgehalten hatten. In den letzten Wochen des Krieges war die Stadt Zufluchtsort und Zwischenstation für mehr als 100 000 Menschen, die von hier aus in das Landesinnere weiterreisen wollten. Bei den Flüchtlingen handelte es sich um Personen aus den evakuierten »Ostgebieten«, die hier anlandeten. Bei dem schweren Bombenangriff im März 1945 kamen nach unterschiedlichen Angaben zwischen 6000 und 14 000 Menschen ums Leben. Fast alle Opfer wurden auf dem Golm bestattet. Die Grabstätte ist eine

Zentrales Ehrenmal in der Gedenkstätte Golm, 2009

der größten Kriegsgräberstätten in Deutschland. Nach dem Zweiten Weltkrieg engagierten sich verschiedene Träger und Vereine für den Aufbau und die Pflege der parkähnlichen Anlage. 1999 hat der Volksbund Deutsche Kriegsgräberfürsorge e.V. den Erhalt dieser größten Kriegsgräberstätte des Bundeslandes Mecklenburg-Vorpommern übernommen. Eine Dauerausstellung informiert seit 2001 über die Historie und Hintergründe des Erinnerungsortes. In der Nähe der Gedenkstätte Golm nahm 2005 in Kamminke eine Jugendbegegnungs- und Bildungsstätte ihre Arbeit auf. Neben zahlreichen Veranstaltungen bietet die Einrichtung verschiedene Workshops, Führungen über die Kriegsgräberstätte und eine Spurensuche in Świnoujście an. Dabei entdecken Jugendliche die deutschen Wurzeln der Stadt und werden für das Nebeneinander beider Kulturen sensibilisiert.

# Świnoujście (Swinemünde)

In den 1930er-Jahren fuhr die Eisenbahn von Berlin aus in nur zweieinhalb Stunden ins See- und Solebad Swinemünde. Durch die hervorragende Anbindung avancierte Swinemünde zu einem bei den Berlinern sehr beliebten Kurort an der Ostseeküste. Das imposante Kurhaus wurde 1943 bei einem Brand zerstört. Doch neben dem Fremdenverkehr hatte die Stadt mit ihren Hafenanlagen auch strategisch und wirtschaftlich große Bedeutung. Der Marinehafen war einer der wichtigsten Stationierungsorte der Marine entlang der pommerschen Küste. Zum Schutz der Häfen waren beiderseits der Swine bereits im 19. Jahrhundert mächtige und moderne Festungsanlagen entstanden. Nach der Machtübernahme durch die Nationalsozialisten zog es bis zum Beginn

Das Kurhaus Swinemünde, 1938

des Zweiten Weltkriegs nicht nur zahlreiche Urlauber an die See, an verschiedenen Standorten wurden auch neue Kasernen und Bunkerbauten für die Wehrmacht aus dem Boden gestampft. Mit der einsetzenden Flucht der Bevölkerung aus den östlichen Regionen kamen viele Flüchtlingsströme durch Swinemünde, da von hier aus eine Weiterfahrt mit der Eisenbahn in Richtung Berlin möglich blieb. Im März 1945 hielten sich an der Nahtstelle zwischen Usedom und Wollin mehr als 100 000 Menschen auf. Bei dem verheerenden Luftangriff am 12. März kamen mehrere Tausend Menschen ums Leben. Der Golm in Sichtweite der Stadt wurde für sie zur letzten Ruhestätte und mahnt heute als Gedenkstätte (→ S. 47) an die Schrecken des Krieges.
Nach dem Zweiten Weltkrieg fielen Swinemünde, die östlichen Regionen Usedoms und die Insel Wollin an Polen. Seitdem entwickelten sich die Inseln Usedom und Wollin in unterschiedlichem Tempo. Während nach der deutschen Vereinigung ein wahrer Bau- und Sanierungsboom auf dem deutschen Teil der Insel Usedom einsetzte, entstehen seit den 2010er-Jahren auch moderne und architektonisch imposante Ferienanlagen entlang der polnischen Ostseeküste.

**Engelsburg (Werk III) / Fort Anioła**

ul. Jachtowa dz. 158, 72-600 Świnoujście
www.fortaniola.pl

Den Namen »Engelsburg« verdankt das Fort seiner Ähnlichkeit mit dem gleichnamigen Bauwerk in Rom. Es wurde ursprünglich als Werk III bezeichnet und war eines von vier großen Forts in und um Swinemünde. Nach der Errichtung in den Jahren

Engelsburg, 2016

Treppenhaus in der Festung, 2016

1854 bis 1858 sollten hier bis zu 24 Kanonen, die in drei Ebenen angeordnet wurden, als Widerlager vom westlichen Ufer die Einfahrt von der Ostsee in die Swine blockieren. Nach mehreren Ausbauten dienten die Radaranlagen auf dem turmartigen Gebäude im Zweiten Weltkrieg der Luftaufklärung und ermöglichten so die Zielerfassung für die in der Nähe befindliche Flakeinheit. Mit der Stationierung der sowjetischen Truppen in Polen nach 1945 bezogen sowjetische Streitkräfte das Fort und nutzten es als Basis für eine Funkstation. Erst in den 1990er-Jahren, als die russischen Truppen abzogen, endete die militärische Nutzung. Heute beherbergt die Anlage ein Restaurant und ein Museum.

**Westbatterie (Werk IV) / Batterie Henningsen / Fort Zachodni**

ul. Jachtowa 1, 72-600 Świnoujście

www.fortzachodni.pl

Wenige Hundert Meter nördlich von Werk III wurde ab 1856 das größere Werk IV (Westbatterie) gebaut. Nach der Machtübernahme der Nationalsozialisten beschlossen diese Mitte der 1930er-Jahre die Umwandlung zu einem Schulungs- und Ausbildungskomplex. Die Baumaßnahmen für die Schulungsbatterie »Henningsen« liefen 1937 an. Wenige Monate später standen vier neue Stellungen für moderne 15-cm-Geschütze zur Verfügung. Am Rande des Festungsgeländes erfolgte ab 1941 von einem mehrstöckigen Stahlbeton-Leitstand aus die optische Entfernungsmessung. Wie die anderen Festungsbauten der Stadt fiel das Werk IV nach Kriegsende in die Hände der sowjetischen Streitkräfte. Nach deren Abzug in den 1990er-Jahren entstand auch hier ein Museum.

Westbatterie, 2016

**Ostbatterie (Werk II) / Fort Gerharda**
ul. Bunkrowa 2, 72-610 Świnoujście
www.fort-gerharda.pl

Neben den beiden Festungsbauten am Westufer der Swine erschien der Bau zweier Anlagen auf der gegenüberliegenden Ostseite als militärstrategisch notwendig. Heute gehört die Region zur Stadt Świnoujście, doch bis zum Ende des Zweiten Weltkriegs existierte am Ostufer der Swine das Seebad Ostswine/Osternothafen. Das Werk II entstand in den Jahren 1856 bis 1863 und sicherte ebenfalls die Einfahrt in den Hafen. Nachdem es während des Zweiten Weltkriegs als Basis der deutschen Kriegsmarine gedient hatte, war es nach 1945 viele Jahre lang ein militärisches Lager und Depot. Seit einigen Jahren gibt es hier ein Museum. In der Saison begleiten als preußische Soldaten verkleidete Gästeführer die Besucher über das Gelände und zeigen die unter- sowie oberirdischen Festungsbauten. Das etwas weiter südlich gelegene Werk I wurde während des Ausbaus der Swinemünder Hafenanlagen nahezu vollständig abgerissen.

Ostbatterie, 2017

**Batterie Goeben, Vineta, Pritter und Mellin**
Bahnhof Przytór
72-605 Świnoujście

Im Wald zwischen der Ostsee und dem ursprünglichen Flusslauf der Swine wurden ab den 1930er-Jahren etwa zehn Dienststellen der Wehrmacht errichtet: u. a. zwei Munitionslager der Kriegsmarine und mehrere Geschützbatterien zur Abwehr feindlicher Streitkräfte. Ausgehend vom Fort Gerharda führt ein ausgeschilderter Wanderweg zu Bunkern und Befestigungsanlagen aus verschiedenen Epochen der jüngeren Geschichte. Vom ehemaligen Feuerleitturm der Batterie Goeben wurden ursprünglich Schiffe beobachtet, heute ist er ein Aussichtsturm für Besucher und Feuerschutzbeobachtungsturm der hiesigen Feuerwehr. Die etwas weiter im Hinterland errichteten 28-cm-Geschütze wurden 1940/41 demontiert und zum Ausbau des Atlantikwalls nach Norwegen abtransportiert. Die abgelegenen Bunker der benachbarten Batterie Vineta waren im

Der ehemalige Feuerleitturm der Batterie Goeben, 2013

Die zum polnischen Gefechtsstand umgebaute deutsche Batterie Vineta, 2015

Kalten Krieg zu einem der wichtigsten Gefechtsstände der polnischen Seestreitkräfte ausgebaut worden. Das Bunkersystem umfasst mehrere Hundert Meter unterirdischer Tunnel und Bunker und kann seit 2013 im Rahmen von Erlebnisführungen besichtigt werden. Etwas weiter südlich findet man auf dem Weg zur Autofähre die Bunkerreste der Batterie Pritter. Wandert man nach dem Verlassen der Fähre auf der Westseite der Swine in Richtung Norden, stößt man auf die fast vollständig erhaltene Batterie Mellin. Dieser Standardtyp einer Geschützbatterie an der pommerschen Küste wurde bis ins Baltikum hinein bis zum Ende des Zweiten Weltkriegs an mehr als 20 Standorten errichtet und unterhalten.

## Karsibór (Kaseburg)

Auf der südlich von Świnoujście liegenden Insel Kaseburg (Karsibór) entstand ab 1943 direkt an der Kaiserfahrt – so die historische Bezeichnung des schiffbaren Kanals zwischen der Swine und dem Stettiner Haff – ein Hafen für U-Boote und Schnellboote der 4. Schulungsflotte der Kriegsmarine. Die hier stationierten Schiffseinheiten operierten im Verlauf des Zweiten Weltkriegs gegen Polen, Dänemark, Norwegen und die Sowjetunion. Gebäude und Fundamentreste der Baracken zeugen noch heute von der militärischen Nutzung. Die Hafenanlagen dienen jetzt als Segel- und Sportboothafen. Im Wald südlich der heutigen Sied-

Die maroden Hafenanlagen in Karsibór, 2015

Royal-Airforce-Denkmal in der Nähe der Siedlung Karsibór, 2015

lung Karsibór erinnert ein Denkmal an die verunglückten Insassen eines am 16. April 1945 abgestürzten Bombers vom Typ Lancaster Mk. I der 617. Bomberstaffel der britischen Royal Air Force (RAF). Das Flugzeug mit der Nummer NG 228 hatte die Bombardierung des Panzerkreuzers »Lützow« zum Ziel, der nicht weit von hier in der Kaiserfahrt vor Anker lag, um Munition aufzunehmen. Den Absturz des Bombers überlebte keiner der Insassen. Die »Lützow« wurde provisorisch repariert und kam bei der Abwehr sowjetischer Panzerverbände zum Einsatz, die immer weiter in Richtung Westen vorstießen.

# Międzyzdroje (Misdroy)

Das bekannteste Seebad auf der Insel Wollin war spätestens seit den 1920er-Jahren Misdroy. Der Kurpark und die fast 4000 Meter lange Promenade sowie die Naturlandschaft des Kaffeeberges begeisterten die Bädertouristen. Daher zählte Misdroy wie auch die benachbarten Bäder auf der Insel Usedom zu den beliebtesten Zielen an der pommerschen Küste. Misdroy war nicht nur per Eisenbahn, sondern auch auf dem Seeweg über Stettin zu erreichen. Doch das Seebad war mit Beginn des Zweiten Weltkriegs auch militärischer Stationierungsort. Die ruhige Lage an der pommerschen Ostseeküste prädestinierte Misdroy zur Aufnahme von Kindern im Rahmen der Kinderlandverschickung (KLV), die es schon vor dem Krieg gab. Als die Luftangriffe der

Blick vom Kaffeeberg auf Misdroy, 1938

Alliierten auf Berlin und weitere Zentren in Deutschland zunahmen, standen auf den Inseln Wollin und Usedom mehrere Quartiere zur Unterbringung von Kindern zur Verfügung. Während des Krieges wurden deutschlandweit mehr als zwei Millionen Kinder und Jugendliche besonders aus den Großstädten aufs Land »verschickt«. Während des Vormarschs der Roten Armee erfolgte in den letzten Kriegswochen eine überstürzte Evakuierung der Kinder aus den Quartieren in Misdroy. Das Seebad Międzyzdroje ist heute wieder ein beliebter Urlaubsort an der Ostseeküste.

**Versuchsgelände der LRK 15 (V3) / Bunker-Museum V3**
Nadbrzeżna 9, 72-500 Wicko
muzeumv3.pl

Neben der Insel Usedom war Wollin ein bedeutender militärstrategischer Standort an der pommerschen Küste. Ab 1943 wurden an den Hängen südlich Misdroys Versuche mit dem »Mehrkammerngeschütz Langrohrkanone LRK 15« unternommen. Die Waffe wurde in der Propaganda des NS-Regimes als Vergeltungswaffe 3 (V3) bezeichnet. Die ursprünglichen Planungen sahen eine Reichweite von bis zu 160 Kilometern vor. Auf der Insel Wollin erprobten die Militärs unterschiedliche Steigungswinkel, um diese Reichweite auch in der Realität zu erzielen. Später sollte die Waffe in Nordfrankreich aus massiven unterirdischen Bunkerbauten abgeschossen werden. Da die Entwicklungsarbeiten nicht abgeschlossen wurden, aber auch wegen der Bombardierung des fast fertiggestellten Abschussbunkers bei Calais 1944 kam diese Waffe nie zum realen

Museumsbunker im Bereich der ehemaligen Versuchsaufbauten, 2017

Einsatz. Heute erinnert in Wicko eine kleine militärhistorische Sammlung an dieses Kapitel. Auf dem benachbarten Gelände sind die Fundamente der verschiedenen Versuchsaufbauten zu entdecken, die über einen Wanderpfad miteinander verbunden sind.

**Marine-Flakschule III Misdroy / Naturpark und Militärhistorischer Lehrpfad »Weiße Berge«**

Janogród
72-500 Międzyzdroje

Zu den sichtbaren architektonischen Spuren des NS-Regimes auf der Insel Wollin gehören die Gebäude der einstigen Marine-Flakschule III. Ab 1937 errichtet, wurden in dem Komplex Marineangehörige an leichten Flakgeschützen ausgebildet. Nach dem Krieg nutzten ihn zunächst die sowjetischen Streitkräfte, bevor er 1949 der polnischen Armee übergeben wurde. Neben der

Militärhistorischer Lehrpfad »Weiße Berge« entlang erhaltener Bunker, 2017

Bauten der einstigen Marine-Flakschule III, 2015

Nutzung als Kaserne bauten die polnischen Streitkräfte den Standort zur 17. polnischen Küstenartillerie-Batterie aus. Die Bunkerbauten, die heute der mehr als zwei Kilometer lange militärhistorische Lehrpfad »Weiße Berge« verbindet, stammen aus der Nachkriegszeit. Mehrere Tafeln informieren differenziert über die Militärgeschichte der weitläufigen Liegenschaft. Das einstige Ausbildungsareal direkt über der Steilküste liegt brach und befindet sich außerhalb des heute genutzten Bereiches. Mehrere ehemalige Unterkunfts- und Ausbildungsgebäude beherbergen unter anderem die Naturparkverwaltung »Weiße Berge«.

## Dziwnów (Dievenow)

Am Ostende der Insel Wollin bilden der Fluss Dziwna und das einstige Seebad Dievenow den letzten Punkt unserer Reise über die Inseln Usedom und Wollin. Das Seebad bestand ursprünglich aus vier eigenständigen Badeorten. Der Ortskern (der Zusammenschluss von Ost- und Berg-Dievenow) war bis in die 1950er-Jahre hinein nur durch eine Fähre mit dem Ortsteil West-Dievenow auf der Insel Wollin verbunden. Der Fremdenverkehr setzte deshalb im Vergleich zu den anderen Seebädern erst relativ spät, im ausgehenden 19. Jahrhundert, ein. Ein Aufenthalt in Dievenow wurde besonders für den Spätsommer und Herbst in den zeitgenössischen Fremdenverkehrsanzeigen beworben. Doch die Region war in den letzten Monaten des Krieges auch Kriegsschauplatz. Während die Rote Armee schon weite Teile Pommerns besetzt hatte, gab es auf der Insel Wollin bis Anfang Mai 1945 schwere Kampfhandlungen. Heute ist die Stadt Dziwnów an der Mündung der Dziwna mit dem Hafen und den naturbelassenen Stränden in Richtung Międzyzdroje ein beliebtes Urlaubsziel.

**Fliegerhorst Dievenow / Miniaturpark**

Dziwna 31

72-420 Dziwnów

Der Fliegerhorst Dievenow wurde ab 1935 errichtet und bot Lande- und Startmöglichkeiten sowie Wartungs- und Reparaturanlagen sowohl für Land- als auch für Seeflugzeuge. Entlang der pommerschen Küste wurden ab Mitte der 1930er-Jahre zwi-

Luftbild des Seebades Dievenow, 1935

schen der Insel Rügen und der Danziger Bucht mehr als 15 Fliegerhorste angelegt. Die Anlage auf der Insel Wollin wurde vornehmlich als Ausbildungsobjekt der Fliegerwaffenschule (See) 3 und durch die Luftnachrichtenschule (See) 6 genutzt. Nach einer kurzen Nutzung durch Einheiten der Roten Armee erfolgte die Übertragung an die polnischen Streitkräfte. Diese bauten den Komplex ab den 1950er-Jahren für ihre Zwecke aus. Ein kleiner Teil des ehemaligen Kasernenbereichs wird seit einigen Jahren zivil genutzt, so auch für einen Miniaturpark. Der eigentliche Flugplatz auf der Halbinsel Trendel ist noch immer militärisches Sperrgebiet. Vom gegenüberliegenden Ufer aus sind die Flugzeughallen gut zu sehen.

# Anhang

## Literatur


Aumann, Philipp: Rüstung auf dem Prüfstand. Kummersdorf, Peenemünde und die »totale Mobilmachung«, Berlin 2015.

Bekker, Cajus: Flucht übers Meer. Ostsee – deutsches Schicksal 1945, Augsburg 1999.

Bode, Volkhard / Kaiser, Gerhard: Raketenspuren. Waffenschmiede und Militärstandort Peenemünde, 10. Aufl., Berlin 2020.

Kaule, Martin: Ostseeküste 1933 – 1945. Der historische Reiseführer, 5. Aufl., Berlin 2018.

Kaule, Martin: Mecklenburg-Vorpommern 1933 – 1945. Der historische Reiseführer, Berlin 2016.

Schnatz, Helmut: Der Luftangriff auf Swinemünde. Dokumentation einer Tragödie, München 2004.


## Der Autor

Martin Kaule, Jahrgang 1979, 1999–2001 Studium zum Informatik-Betriebswirt an der Verwaltungs- und Wirtschaftsakademie Berlin, seit 2001 Fotodokumentation von »Orten der Zeitgeschichte«, seit 2005 Veranstalter von Tagesexkursionen und Reisen zu zeitgeschichtlichen Erinnerungsorten quer durch Europa, Gründungs- und Vorstandsmitglied des Vereins »Orte der Geschichte«.